COLECCIÓN
¿CÓMO...? ¿DÓNDE...? ¿CUÁNDO...?

EL MUNDO PREHISTÓRICO

Textos de Caroline Daniels

Traducción de Delia M. G. de Acuña

EDITORIAL SIGMAR

Introducción

La historia de la Tierra se inició hace 4500 millones de años. Desde el comienzo de la vida prehistórica, hace 3 millones y medio de años, en la Tierra se han producido increíbles cambios: desde la posición de los continentes y la alteración de los climas, hasta las plantas y los animales que la habitan. Se han desarrollado nuevas formas de vida y muchos miles de especies han desaparecido.

Es difícil comprender el tiempo que tardó la vida prehistórica en desarrollarse, pero si pudieras comprimirlo en 24 horas, se dividiría de esta forma: los primeros signos de vida aparecieron a la medianoche. A las 15.00 hs. ya se podían encontrar lombrices, medusas y esponjas. A las 18.00 hs. habían aparecido los peces vertebrados, y a las 21.00 hs., los primeros animales que se desplazaban sobre la tierra. Los dinosaurios dominaron la Tierra desde las 21.30 hs. hasta las 23.00 hs., momento en que los **mamíferos** se convirtieron en los animales dominantes. Los seres humanos recién aparecieron 2 segundos antes de la medianoche, y la prehistoria terminó a un cuarto de segundo de la medianoche.

Los últimos 5500 años de la historia registrada se produjeron dentro del último cuarto de segundo antes de terminar el día.

La evolución de la vida no se produjo de manera tranquila, sino todo lo contrario. En un principio, la vida luchó por abrirse paso y evolucionó lentamente, aunque las formas de vida cada vez más complejas llevaron a una evolución cada vez más rápida. Los períodos de extinción masiva pusieron en riesgo la continuidad de la vida, pero dieron oportunidad de que los sobrevivientes se diversificaran. Esto se produjo varias veces durante la prehistoria y, de manera más notable, en el período precámbrico y luego, con la extinción de los dinosaurios. Hoy pensamos en la vida sobre la Tierra como algo estático y sin cambios, pero no es así. La evolución continúa produciendo cambios lentos en cada ser vivo. Así como cambia el clima del mundo, también cambia la vida sobre nuestro planeta.

Con el paso del tiempo, es probable que todas las **especies** actuales (incluyendo al hombre) desaparezcan; pero la vida continuará.

* Las palabras resaltadas en negro en las siguientes páginas remiten al glosario (págs. 30-31).

Los tiburones están entre los más grandes viajeros a través del tiempo. Esencialmente no han cambiado durante millones de años, y han evolucionado hasta convertirse en los grandes depredadores del planeta. En la actualidad, hasta ellos se encuentran amenazados por el hombre.

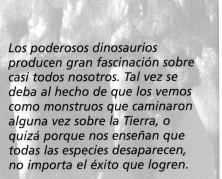

Los poderosos dinosaurios producen gran fascinación sobre casi todos nosotros. Tal vez se deba al hecho de que los vemos como monstruos que caminaron alguna vez sobre la Tierra, o quizá porque nos enseñan que todas las especies desaparecen, no importa el éxito que logren.

El hombre ha existido solamente durante un pequeño período en comparación con toda la prehistoria. Hemos cambiado mucho desde el hombre cazador-recolector, hasta llegar a lo que somos hoy día.

El comienzo de la vida

¿Qué es la vida prehistórica?

La vida prehistórica es la que existió en la Tierra desde la aparición de los primeros seres vivientes, hasta que el hombre comenzó a registrar la historia mediante la escritura, hace unos 5500 años. Terminó en distintos momentos, de acuerdo con las diferentes culturas.

La prehistoria es tan larga, que los científicos dividen los millones y miles de años en períodos llamados eras, que a su vez se dividen en períodos más cortos denominados épocas. Hoy, estamos viviendo la era cenozoica, de la época holocena.

¿Cómo comenzó la vida?

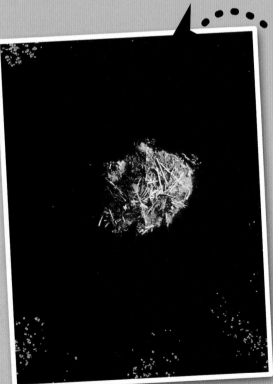

La Tierra se formó hace unos 4500 millones de años, a partir de una bola de gas y polvo. Pero los primeros signos de vida comenzaron hace más o menos 3500 millones de años. La Tierra estaba cubierta por una sustancia acuosa, y las reacciones químicas que se producían naturalmente trajeron como resultado diminutos **organismos** unicelulares. Poco a poco las células se fueron uniendo, formando organismos más complejos, como las lombrices y las medusas, hasta llegar a la aparición de un organismo nuevo, hace unos 517 millones de años: la Pikaia, que medía solamente 5 cm de largo, pero tenía una espina dorsal y es el ancestro de todos los **vertebrados**. En este grupo se encuentra el ser humano.

¿Qué son los estromatolito[s]

Son los fósiles más antiguos que [se] conocen en el planeta. Se cree qu[e] fueron las primeras criaturas viva[s] sobre la Tierra, que aparecieron hace 3500 millones de años. Los estromatolitos se forman en las aguas poco profundas, a caus[a] de las ciano**bacterias** (algas de color verde-azul), que se fueron endureciendo con el paso del tiempo, y formaron capas de roc[a] muy parecidas al coral.

Las cianobacterias vivían en form[a] de enormes masas, flotando en el océano y liberando oxígeno e[n] la atmósfera terrestre. Esto permitió el desarrollo de los animales. La mayoría ya ha desaparecido, pero todavía pode[mos] ver algunos, por ejemplo, en Shark Bay, en Australia.

Formaciones de estromatolitos en Sha[rk] Bay, Australia.

¿Cómo era el mundo cuando comenzó la vida?

La Tierra primitiva era muy diferente del planeta que conocemos hoy. Cuando comenzaron a evolucionar las primeras formas de vida, la Tierra fue golpeada por **asteroides** provenientes del espacio que derritieron la corteza terrestre y convirtieron los océanos en vapor. Después, la corteza se endureció y se formó un mar espeso. Los gases de la atmósfera deben haber producido un **efecto invernadero**, que hizo que la Tierra se calentara más de lo que está hoy. Al aparecer el oxígeno, se formó una capa protectora de **ozono** (O_3) que impidió que la radiación ultravioleta del Sol destruyera la vida en formación. También permitió que la vida se desarrollara más rápido.

¿Qué efectos tuvo el movimiento de los continentes?

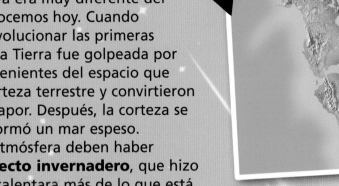

Cuando la Tierra se formó, no existían los continentes. A medida que se endureció la corteza terrestre, surgieron cadenas de islas volcánicas que luego formaron un supercontinente. Varios supercontinentes se formaron y luego se separaron. El último se formó hace unos 300 millones de años: el Pangea, que en griego significa "todas las tierras". Pangea se dividió en los continentes más pequeños que tenemos en la actualidad.
Los movimientos de las **placas tectónicas** sacudieron los océanos, afectaron el clima y pueden haber acelerado el ritmo de la evolución. Las placas tectónicas son las responsables de la formación de las montañas y de los océanos, y también de la **distribución** de los animales y de las plantas.
Una prueba de todos estos movimientos es que en diferentes continentes, separados por vastos océanos, hay especies del mismo tipo.

ASOMBROSO

El objeto más antiguo de la Tierra es un cristal de zircón. El diminuto trozo de piedra tiene 4400 millones de años.

¿Existe hoy alguna forma de vida prehistórica?

Todavía se observan algunas plantas y animales prehistóricos. Por ejemplo, los pinos, las sequoias, las araucarias y otras coníferas ya existían en la época de los dinosaurios. Otras plantas, como las **cicas**, que evolucionaron hace unos 240 millones de años, crecían antes de que aparecieran los dinosaurios. Las plantas con flores, como la magnolia, las palmeras y el laurel, se desarrollan desde hace unos 140 millones de años. Las libélulas están entre las criaturas sobrevivientes más antiguas; aparecieron hace unos 300 millones de años. El cangrejo herradura existe desde hace unos 250 millones de años; los tiburones, desde unos 200 millones, y las salamandras, desde 150 millones de años atrás.

Fósiles

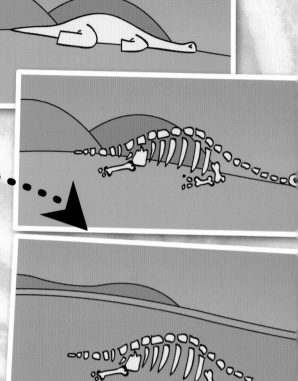

¿Dónde podemos encontrar fósiles?

Los fósiles son los restos de las plantas y animales, enterrados hace miles y millones de años. La palabra "fósil" deriva de una palabra latina que significa "cavar". Pueden haberse formado con la muerte de un animal y su hundimiento en el fondo del mar. También, al ser sepultado bajo capas de tierra que luego se comprimieron y formaron una roca, como la arcilla, el limo o la tiza, llamadas rocas sedimentarias. Los fósiles tienen una antigüedad de más de 10.000 años.

Los fósiles pueden parecer diferentes a las rocas en las que se encuentran, pero en realidad forman parte de ellas. Los huesos se deshicieron hace mucho tiempo.

¿Qué tipo de fósiles hay?

Existen cuatro tipos de fósiles: los corporales, los coprolitos, los moldes y las improntas. Los corporales son las partes duras de los animales, como los huesos, dientes o caparazones; los coprolitos e ignitas son restos de piel, plumas, semillas, hojas y pisadas. Los moldes se forman cuando los **minerales** reemplazan al original y forman un molde de roca que se ve igual al animal o a la planta. Por último, las improntas se forman cuando un animal o planta se disuelve en el agua que hay en el suelo, y deja sólo una impresión. La mayoría de los fósiles encontrados son corporales y de impronta.

¿Qué es un fósil viviente?

El celecanto -un fósil viviente rea aún se puede encontr en Sudáfric

Los fósiles vivientes son especies que vivieron en tiempos prehistóricos y siguen existiendo prácticamente sin cambios. Por ejemplo, la sequoia amanecer, las cucarachas, los cangrejos herradura, los cocodrilos, las tortugas y el pez pulmón australiano. Se llama fósil viviente real al ejemplar vivo de una especie que se creyó desaparecida. El pez celecanto es un ejemplo de ello. Este pez vivió hace 400 millones de años y se creía que había desaparecido, hasta que fue descubierto uno en Sudáfrica, en 1938.

¿Qué es la paleontología?

La paleontología es el estudio de los fósiles y la historia de la vida. Los paleontólogos son los científicos que estudian la historia de la formación de la Tierra y de todo lo que se encuentra en ella. Los paleontólogos buscan fósiles, muy importantes en esta ciencia, y luego los estudian para descubrir cómo y dónde vivieron, qué antigüedad tienen y qué otras especies están relacionadas con ellos. Existen muchas ramas de la paleontología, como el estudio de los dinosaurios y los seres humanos y sus ancestros.

¿Cómo se determina la edad de los fósiles?

La edad de las rocas y los fósiles se determina con un método denominado datación radiométrica. Ciertos elementos de las rocas, llamados isótopos, son inestables y se deterioran con el tiempo. Midiendo la cantidad de isótopos, por ejemplo, de uranio y de carbón, en la roca, los científicos pueden calcular su antigüedad. Los fósiles no contienen ningún isótopo **radiactivo** inestable, por lo tanto, para determinar su antigüedad, se calcula la edad de las rocas que están encima y debajo del fósil. Otro método de cálculo de la antigüedad de un fósil es la superposición: se calcula la antigüedad de acuerdo con su posición en la capa de roca donde es encontrado; cuanto más profundo se encuentra, más antiguo es.

¿Qué es una trampa de ámbar?

El ámbar es la resina fosilizada de un árbol, que se formó hace unos 300 millones de años. En ese tiempo, gran parte de la superficie de la Tierra estaba cubierta de bosques. Se han encontrado muchos restos fósiles de insectos en ámbar, atrapados antes de que esta sustancia se fosilizara. Moscas, abejas, cucarachas, escarabajos y hormigas se han conservado tan bien que los científicos han podido estudiar sus órganos. No sólo quedaron atrapados insectos, sino también cabellos, plumas, dientes, semillas, flores y polen. Estos fósiles permiten tener un panorama de los antiguos bosques y su clima.

ASOMBROSO

El fósil de marsupial más antiguo tiene 125 millones de años. Pertenece a un animal que medía lo mismo que un ratón y vivía en China.

Evolución y extinción

¿Qué es la evolución?

Es el cambio que se produce en las especies con el paso del tiempo. Los cambios en los **genes** de los organismos se transmiten a las futuras generaciones. Todo ser vivo, incluyendo el humano, evolucionó a partir de especies primitivas que vivieron hace miles o millones de años. Al evolucionar, una especie cambia su mapa genético. Un gen es una unidad que se hereda, con información acerca de las características heredadas, como la forma de las alas o el color de la piel.
Cuando las especies continúan evolucionando después de muchas generaciones, es probable que se desarrollen nuevas especies. A veces una especie evoluciona en dos especies distintas.

¿Por qué se evoluciona?

El mundo en que vivimos está en constante cambio. Las especies que lo habitan, incluyendo al hombre, necesitan adaptarse a los cambios de su medio ambiente para sobrevivir. Estas especies se reproducen y transmiten su material genético a las **generaciones** futuras. Por ejemplo, las jirafas no siempre tuvieron cuello largo. Su cuello creció con el transcurso de decenas de miles de años, debido a que la evolución ha favorecido a aquellos animales lo suficientemente altos como para alcanzar la provisión de comida que otros no podían lograr. Esta evolución ha sido la respuesta a los cambios en su medio ambiente.

¿Dónde aparecieron los primeros signos de vida?

Se cree que los primeros signos de vida comenzaron en **respiraderos hidrotermales**, en la profundidad del océano. El calor y los minerales de los respiraderos pueden haber creado un medio ambiente adecuado para los **microorganismos**, que quedaron protegidos del impacto de los **meteoritos** y **asteroides** que azotaban la Tierra en esos tiempos. Se han encontrado fósiles y otros restos de formas de vida en Australia y Groenlandia.

ASOMBROSO
Se estima que el 99,9% de todas las especies que alguna vez existieron, ya han desaparecido.

¿Qué es la extinción?

La extinción es la desaparición de una especie viviente. Cuando una especie no puede sobrevivir ni reproducirse en su medio ambiente, o mudarse a un nuevo lugar donde sea capaz de hacerlo, desaparece. Una especie desaparece cuando muere el último ejemplar. La extinción en masa se produce cuando desaparecen grandes cantidades de especies, casi al mismo tiempo, durante un período relativamente corto. Se han producido cinco extinciones masivas desde el comienzo de la vida sobre la Tierra.

El extinto gorrión viajero fue alguna vez el ave más común del mundo.

¿Cuál es la causa de la extinción de las especies?

Existen muchos factores que hacen que las especies desaparezcan. La extinción se produce naturalmente; la mayoría de las especies sólo sobreviven durante un promedio de 10 millones de años. Esto se denomina extinción principal. Pero en los años recientes, los seres humanos han tenido una gran influencia en la tasa de extinción de muchas especies. La contaminación, la destrucción de los hábitats naturales, el exceso de cultivos, el recalentamiento global y la introducción de nuevas especies dentro de un hábitat pueden afectar el equilibrio natural y causar la extinción de las especies. Los científicos consideran que, en la actualidad, los seres humanos están causando otra extinción masiva, y que en 30 años podría desaparecer el 20% de todas las especies.

El dodo es el símbolo de la extinción. Incapaz de sobrevivir a la llegada del hombre con sus perros a la isla donde vivía, el dodo se extinguió. Esto sucedió en gran parte porque el dodo era un pájaro físicamente incapacitado para volar.

¿Qué es la selección natural?

La selección natural, también conocida como supervivencia de los más fuertes, es la forma en que las especies se adaptan al **medio ambiente** en el que viven. Los miembros de la especie que son capaces de sobrevivir mejor o **reproducirse** más, transmiten sus características a sus descendientes. La selección natural permite que las especies se adapten mejor a su medio ambiente.

El pavo real es el ejemplo perfecto de supervivencia por selección. El macho con mejor despliegue atrae a la hembra y les transfiere los genes a los pichones. Esto explica que con el paso del tiempo, la cola del pavo real se haya vuelto cada vez más deslumbrante.

La vida primitiva en el mar

¿Cómo era la vida en el mar?

Toda la vida de la Tierra comenzó en el mar. La vida en el mar se desarrolló a partir de organismos unicelulares, hace 3500 millones de años, hasta llegar a células más complejas llamadas **eucariontes**, hace mil millones de años.

Con el paso del tiempo, se desarrollaron plantas multicelulares más complejas, que fabricaban su propio alimento a partir de la luz del sol y el agua (fotosíntesis). Entre 550 y 600 millones de años atrás, ya había animales multicelulares, como las esponjas, los corales, las medusas y las anémonas.

¿Qué eran los trilobites?

Los trilobites eran animales segmentados, con un caparazón duro, y vivieron en los mares hace más de 300 millones de años. Algunos trilobites medían sólo un 1 mm, pero otros llegaron a medir 70 cm de largo. Había muchos tipos diferentes; algunos podían nadar y otros se arrastraban sobre el lecho marino, mientras que otros simplemente flotaban en el agua. Fueron los primeros animales en tener ojos. Los trilobites desaparecieron antes de la llegada de los primeros dinosaurios. Había más de 15.000 especies y son los fósiles más comúnmente encontrados.

¿Cómo eran los primeros peces?

Los primeros peces aparecieron hace unos 500 millones de años. Se los llamó ostracodermos y eran muy diferentes a los peces que hoy conocemos. Muchos estaban cubiertos de una especie de armadura de escamas y tenían esqueleto de **cartílagos** en vez de huesos. Los primeros peces con mandíbulas se llamaron placodermos. Eran pequeños, parecidos a los tiburones, y aparecieron hace unos 480 millones de años.

Los peces primitivos eran muy extraños, comparados con los peces que encontramos hoy día en los océanos.

¿Qué eran los reptiles marinos?

Los reptiles **marinos** no eran dinosaurios, sino **reptiles** que vivían en agua salada. Vivieron durante la **era mesozoica**, al mismo tiempo que los dinosaurios, y todos descendían de los reptiles terrestres. Algunos de estos grupos, como los cocodrilos y las tortugas, todavía existen. Otros reptiles marinos de la época eran los ictiosaurios, plesiosaurios y los mosasaurios. Los reptiles marinos tenían que subir a la superficie para respirar.

¿Qué eran los plesiosaurios?

Eran reptiles con aletas. Vivieron en los mares entre 220 y 65 millones de años atrás. Los había de dos tipos: los plesiosauroides, que tenían cuello largo, cabeza pequeña y cuerpo ancho, y los pliosauroides, que tenían cuello corto, mandíbula muy fuerte y una cabeza grande, que podía llegar a medir hasta un cuarto de la longitud de su cuerpo. Tal vez los plesiosaurios vivían cerca de la superficie del agua y asomaban la cabeza. Algunos medían hasta 20 m de largo y quizás fueran los **depredadores** de la época.

El Elasmosaurio (arriba) y el Cronosaurio (derecha) eran ejemplos de las dos ramas diferentes de la familia de los plesiosaurios.

¿Cómo evolucionaron los mamíferos marinos?

Los mamíferos que viven en el mar (cetáceos), como delfines, ballenas y focas, se asemejan mucho a los mamíferos terrestres: respiran aire, paren crías formadas y las amamantan. Hace unos 50 millones de años, el antiguo ancestro de las ballenas era un animal similar a los lobos, con patas cortas y pezuñas, llamado mesoníquido. Los científicos creen que estas criaturas comenzaron a atrapar peces en la costa del mar. Cuanto más entraban en las aguas, más alimento encontraban. Posiblemente también aprendieron a nadar para escapar de los depredadores. Después de un tiempo, comenzaron a vivir y a reproducirse en el agua.

La vida primitiva
sobre la tierra

¿Cómo evolucionaron las plantas para sobrevivir en la tierra?

Evolucionaron a partir de las algas, hace unos 400 millones de años. Para sobrevivir, desarrollaron una cutícula cerosa, que impedía que se marchitaran por el sol y el aire, además de **esporas** y semillas para su reproducción.

Las plantas terrestres primitivas que adquirieron estas características fueron los musgos y las hepáticas. En un comienzo, las plantas eran pequeñas y no tenían raíces verdaderas, ni hojas ni tallos. Con la evolución, desarrollaron células especializadas para sostener sus tallos, y algunas formaron un tejido de madera; esto les permitió mantenerse erguidas. Una vez que desarrollaron raíces verdaderas y nervaduras para transportar el agua y los nutrientes alrededor del cuerpo, se volvieron muy grandes.

¿Por qué los animales se mudaron a tierra firme?

Tal vez a causa de la competencia en el agua con otras criaturas, para escapar de los depredadores y para sacar provecho de los nuevos hábitats sobre tierra firme. Los animales tuvieron que solucionar muchos problemas antes de poder vivir sobre la tierra. Necesitaban ser capaces de respirar aire, encontrar la forma de proteger su cuerpo contra la deshidratación, producir mecanismos de defensa contra la **gravedad** y aprender a reproducirse en tierra firme.

¿Cuándo aparecieron las flores?

Las primeras plantas con flores (angiospermas) aparecieron hace unos 135 millones de años, mucho después de que aparecieran las primeras aves y los mamíferos. Las flores les permitieron a las plantas reproducirse mucho más efectivamente, acelerando el ritmo de evolución. El lirio de agua es una de las plantas con flores más antiguas. Una vez que aparecieron las flores, también aparecieron muchas especies de insectos. En la actualidad hay más de 250.000 especies de plantas con flores.

¿Cuáles fueron las primeras criaturas sobre la tierra?

Los primeros animales que vivieron sobre la tierra fueron los **artrópodos** (animales con un exoesqueleto duro y patas articuladas), hace unos 420 millones de años. Desarrollaron un cuerpo liviano, patas fuertes y un caparazón duro para proteger su cuerpo y reducir la pérdida de agua. Algunos llegaron a medir 2 m de largo. Las arañas, los ácaros y los ciempiés fueron algunas de las primeras criaturas que surgieron de estos seres. Uno de los primeros animales que vivieron en tierra firme fue el escorpión de agua o euriptérido, que desarrolló pulmones, pero nunca se adaptó por completo a vivir en tierra.

¿Qué son los amniotas?

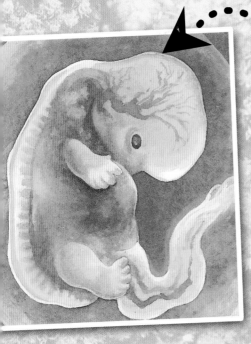

Los amniotas incluyen a los mamíferos, los reptiles y a todos sus parientes desaparecidos. Son animales que se desarrollan en un **embrión** encerrado en una membrana, llamada amnios. Esto les permitió completar su ciclo de vida en tierra, paso muy importante en la evolución. Los amniotas están divididos en dos grupos: los mamíferos por un lado, y los reptiles y las aves por otro. Los sinápsidos, que son una clase de reptil, son algunos de los amniotas más antiguos que se conozcan.

¿Cómo les crecieron patas a los animales?

Los animales con cuatro patas (cuadrúpedos) fueron los primeros vertebrados (animales con espina dorsal) en caminar sobre la tierra. Evolucionaron a partir de los peces con pulmones, que vivieron hace unos 360 millones de años, en zonas pantanosas poco profundas. En sus comienzos, las patas eran como remos y se movían hacia un lado o hacia atrás para nadar. El Ictiostega, primera criatura conocida con cuatro patas, fue uno de los primeros seres en aventurarse a la superficie, hace 360 millones de años. Medía 60 cm de largo y se impulsaba sobre sus extremidades primitivas. Más adelante, los **cuadrúpedos** desarrollaron extremidades que apuntaban hacia adelante y **dígitos** en las manos y los pies.

*El Siderop es un animal terrestre primitivo. Su antepasado acuático era muy similar a los actuales **anfibios**.*

13

Antes de los dinosaurios

¿Por qué tuvieron tanto éxito los reptiles?

Los reptiles primitivos evolucionaron a partir de los anfibios, hace unos 315 millones de años. Fueron capaces de vivir toda su vida fuera del agua y son los primeros animales en producir huevos con cáscara dura. Esta cáscara protege al huevo de la deshidratación durante el crecimiento de las crías. Esto les permitió salir del agua y vivir en regiones secas, mientras que su piel con escamas impermeables impedía que se deshidrataran. Sus patas fuertes pudieron soportar su cuerpo sobre la tierra. Los reptiles predominaron en la Tierra durante 120 millones de años.

¿Quién fue el ancestro de los dinosaurios?

Los dinosaurios evolucionaron, tal vez, a partir de pequeños reptiles carnívoros. No sabemos con seguridad quién fue el ancestro de los dinosaurios. Pero una posibilidad es que haya sido el Lagosuchus, que significa cocodrilo conejo, y era un aguerrido depredador con cuello largo en forma de S, característica que tenían muchos dinosaurios. Se han encontrado restos de Lagosuchus en lo que hoy es la Argentina.

¿Qué eran los sinápsidos?

Eran reptiles parecidos a los mamíferos, que se desarrollaron hace unos 320 millones de años. Tenían el cráneo con orificios detrás de los ojos. Los músculos de las mandíbulas estaban unidos a esos orificios, lo que les permitía abrirlas bien para devorar a sus presas. Muchos eran más grandes que los dinosaurios primitivos; algunos medían 3 m de largo y eran los animales terrestres **dominantes** de su tiempo. Había sinápsidos herbívoros y carnívoros. Muchos de ellos, como el Dimetrodón, tenían una gran vela espinosa a lo largo del lomo. Es probable que la usaran para elevar la temperatura de su cuerpo, poniéndola hacia el sol. El sinápsido más antiguo que se conoce es el Archaerothyris.

¿Qué eran los cinodontes?

Eran un grupo avanzado de sinápsidos, mitad mamífero, mitad reptil. Tenían dientes afilados, con muchas puntas, y su nombre significa "diente de perro". Algunos cinodontes eran **herbívoros**, otros eran **carnívoros** y todos ponían huevos. Fueron los ancestros de los verdaderos mamíferos. Medían entre 1 m y 1,50 m de largo, y pesaban hasta 20 kg. Luego redujeron su tamaño, y hacia el final del **período triásico** no medían más que un perro. Vivieron en el **período pérmico**, antes de que evolucionaran los dinosaurios, hasta el período triásico, en el que aparecieron los primeros dinosaurios. Los cinodontes incluían al Cynognathus y al Estemmenosuchus.

ASOMBROSO

Uno de los ictiosaurios más grandes, el Shonisaurus, medía más de 15 m de largo.

¿Qué criaturas vivían en el mar?

na de las criaturas de mar más antiguas es l tiburón, que ha estado entre nosotros durante 00 millones de años. Había otras, como s mesosaurios, que fueron los primeros reptiles n retornar al agua. Usaban su cola larga y s patas traseras para darse impulso, y las delanteras s usaban como timón. Se alimentaban principalmente e **plancton**. Uno de los mesosaurios más conocidos es l Mesosaurus, de más o menos 1 m de largo.
s ictiosaurios eran reptiles que aparecieron unos 0 millones de años antes que los dinosaurios, hace unos 50 millones de años, y desaparecieron unos 25 millones de ños antes que los dinosaurios. Los ictiosaurios primitivos arecían lagartijas con aletas, mientras que los posteriores enían forma de pez.

Podemos decir mucho acerca de los tiburones prehistóricos a partir de los restos fósiles de sus dientes.

¿Qué eran los arcosaurios?

Arcosaurios significa "lagartijas gobernantes" y eran un grupo de reptiles que aparecieron hace 250 millones de años. No eran dinosaurios. No sólo tenían orificios a cada lado de la cabeza, también tenían los huesos del cráneo soldados, lo que hacía que este fuese más liviano y que tuvieran mayor flexibilidad para comer. Los arcosaurios tenían la trompa en punta y dientes incrustados en cavidades. Entre ellos estaban los reptiles voladores, llamados pterosaurios, y los cocodrilos. Los dinosaurios quizá evolucionaron a partir de los arcosaurios. Los cocodrilos y las aves son los únicos descendientes de arcosaurios que quedan sobre el planeta.

Los dinosaurios
primitivos

El Herrasaurus tenía un cuerpo similar a muchos otros dinosaurios primitivos.

¿Cuál es el dinosaurio más antiguo?

Hasta hace poco tiempo, el dinosaurio primitivo más antiguo que se conocía era el Herrasaurus. Vivía hace 225 millones de años y medía alrededor de 4 m de largo. Pero no hace mucho se han descubierto dos dinosaurios que tal vez sean más antiguos. En Brasil se encontraron los fósiles del Unaysaurus, que vivió hace 235 millones de años; medía 2,5 m de largo y caminaba sobre dos patas. Por otra parte, en Madagascar se han desenterrado los fósiles de dos dinosaurios que quizá sean aun más antiguos que el Unaysaurus. Estos dinosaurios son pequeños, herbívoros, y aún no tienen nombre.

¿Cómo era la Tierra cuando aparecieron los dinosaurios?

Cuando los dinosaurios caminaron por primera vez sobre tierra firme, el clima era muy caluroso y seco, con condiciones desérticas. No había pastos ni flores y las cicas eran las plantas más comunes.
Había muchos anfibios y sólo unos pocos reptiles. Los primeros mamíferos, las ranas, las tortugas y las lagartijas aparecieron al final del período triásico. Una extinción masiva, a fines de este período, entre 213 y 208 millones de años atrás, arrasó con el 35% de las especies animales. La mayor parte de los anfibios y de los reptiles marinos, excepto los ictiosaurios, desaparecieron, al igual que la mayoría de los primeros dinosaurios.

¿Cómo eran los dinosaurios primitivos?

Los primeros dinosaurios eran relativamente pequeños, medían entre 3 m y 4,5 m de largo. Caminaban en dos patas y quizás eran muy rápidos, lo que les permitía competir con otros depredadores. Pueden haberse desplazado en manadas, lo que les habría permitido cazar presas más grandes. Eran carnívoros u **omnívoros** (comían carne y plantas). Algunos de los dinosaurios primitivos incluían a los lesothosaurios, dinosaurios pequeños que comían plantas y que vivieron entre 225 y 208 millones de años atrás; y a los saltopus, dinosaurios carnívoros del tamaño de un gato, que vivieron entre 225 y 222 millones de años atrás.

El Saltopus medía lo mismo que un gato doméstico.

¿Cuál fue el más grande de los primeros dinosaurios?

El Plateosaurio fue el primer dinosaurio herbívoro gigante. Vivió entre 222 y 210 millones de años atrás, desde el período triásico hasta comienzos del jurásico. Caminaba en cuatro patas, pero podía pararse sobre las traseras para alcanzar la parte más alta de los árboles. Esta enorme criatura medía 9 m de largo y unos 4 m de alto, y es posible que viviera en manadas. Se han encontrado fósiles en Alemania, Francia y Suiza.

¿Qué dinosaurios primitivos eran caníbales?

El Coelophysis es uno de los dinosaurios primitivos y vivió a fines del período triásico, hace unos 210 millones de años. Cientos de fósiles de Coelophysis fueron encontrados en Nuevo México, en 1947. Algunos de los fósiles tenían crías dentro de ellos y los científicos creen que pueden haberlas comido. Los coelophysis medían cerca de 2,8 m de largo, y caminaban en dos patas. Los huesos de las patas eran casi huecos, lo que los hacía livianos y les permitía correr muy rápido. Eran carnívoros.

¿Por qué es tan raro encontrar fósiles de dinosaurios del triásico?

Los huesos de los dinosaurios más modernos eran grandes, fuertes y se convertían en fósiles con más facilidad.

Muchos de los dinosaurios de este período eran pequeños y tenían huesos huecos, igual que los de las aves actuales. Estos frágiles huesos eran más fáciles de remover por otras criaturas, o era más probable que el viento y la lluvia los destruyeran, a diferencia de los más grandes y sólidos de los dinosaurios posteriores. Como consecuencia, quedaron pocos esqueletos intactos para convertirse en fósiles.

Dinosaurios más modernos

¿Qué eran los saurópodos?

Los saurópodos son los animales terrestres más grandes que se conocen. Eran herbívoros, caminaban en cuatro patas y tenían cola y cuello muy largos. Sus fosas nasales se encontraban en la parte más alta del hocico, a veces muy cerca de los ojos. Tenían cabeza pequeña, con dientes sin filo y comían muchas plantas. Algunos saurópodos más modernos tenían cuerpo con armadura. Estas enormes criaturas medían entre 7 m y 40 m de largo. El Supersaurio es uno de los saurópodos más grandes que se hayan descubierto: medía 42 m de largo y 16,5 m de alto. Los saurópodos vivieron desde fines del período triásico, pasando por el jurásico, y desaparecieron a fines del **período cretácico**, junto con otros dinosaurios.

El Sismosaurio era uno de los saurópodos más grandes, uno de los animales más grandes que hayan existido.

¿Cuál fue el mayor dinosaurio?

El Argentinosaurus huinculensis mide 38 m de largo y es el más grande de los herbívoros descubiertos hasta el momento.
El Giganotosaurus carolinii es el más grande de los carnívoros conocidos, aun más que el que tenía antes el récord, el Gigantosaurio, y fue descubierto en la Argentina en el 2000. Medía 13,7 m y era también más pesado que el Tiranosaurio Rex; tenía patas algo más cortas y vivió hace unos 100 millones de años. Al igual que el Tiranosaurio Rex, no usaba sus cortas patas delanteras. Tenía enormes dientes puntiagudos dentro de una mandíbula en forma de tijeras. Se cree que estas temibles criaturas cazaban en manadas, ya que se encontraron en un mismo lugar huesos de seis de ellos.

¿Cómo se protegían los anquilosaurios?

El nombre anquilosaurio significa "lagartija rígida". Esto es porque una armadura gruesa y escamosa les cubría el lomo. Algunos anquilosaurios tenían escamas hasta en los párpados. Eran de poca altura, macizos y herbívoros; se alimentaban de plantas bajas. Había dos tipos de anquilosaurios: los propiamente dichos y los nodosaurios. Los primeros tenían enormes patas y cola en forma de garrote, que solían usar para defenderse. Vivieron durante el período cretácico. Los nodosaurios no tenían cola en forma de garrote y vivieron desde mediados del jurásico hasta fines del cretácico.

¿Qué eran los dinosaurios avestruz?

Los dinosaurios avestruz eran similares a los avestruces actuales: tenían cuello largo, cabeza pequeña con hocico en forma de pico, y patas traseras muy poderosas. También se los llamaba ornitomimosaurios, que significa "mímica de ave". Tenían ojos y cerebro muy grandes. No tenían dientes y quizá usaban el pico para extraer alimentos del agua (pequeñas plantas y animales). El dinosaurio avestruz más grande era el Gallimimus, que medía 6 m de largo. Vivió a fines del período cretácico, entre 80 y 65 millones de años atrás.

El Iguanodón fue el primer dinosaurio que se descubrió. Al principio se pensaba que las púas que tenían en el dedo pulgar eran cuernos de nariz.

¿Qué eran los pico de pato?

Eran el tipo más común de dinosaurios, también llamados hadrosaurios. Tenían hocico ancho y chato, sin dientes delanteros, pero llegaban a tener 1000 dientes en la parte posterior de la boca. Caminaban en dos patas (bípedos). Fueron los primeros dinosaurios con pómulos, lo que impedía que se les cayeran los alimentos de la boca mientras masticaban. Muchos tenían cresta en la cabeza, que pueden haber usado para producir fuertes sonidos y atraer a sus parejas. Los dinosaurios con pico de pato vivieron en grandes manadas durante el período cretácico, entre 140 y 65 millones de años atrás.

ASOMBROSO

En 2005 se descubrió un nuevo tipo de saurópodo: el Brachytrachelopan mesai, de 10 m de largo, con cuello corto y macizo. Tal vez evolucionó para comer plantas cortas, ya que no podía levantar mucho el cuello.

¿Qué sucedió hace 65 millones de años?

Desaparecieron los dinosaurios. Fue durante el período que los científicos llaman extinción masiva del cretácico-terciario. No sólo desaparecieron los dinosaurios, sino también más del 70% de todas las especies de la Tierra. No se sabe con seguridad por qué sucedió, pero una de las teorías más aceptadas es que un asteroide de unos 10 km de ancho chocó contra la Tierra en ese momento. El impacto masivo pudo haber causado incendios, vientos, tormentas, terremotos y **tsunamis**. El calor producido por la onda expansiva pudo haber carbonizado todo a su paso; y el polvo y los escombros seguramente evitaron que la luz del Sol llegara durante meses. Otras causas pueden haber sido las enfermedades y los cambios climáticos.

La vida primitiva
en el aire

¿Qué eran los pterosaurios?

Los pterosaurios ("lagartija con alas") eran reptiles voladores, pero no dinosaurios. Vivieron en el mismo tiempo que los dinosaurios: desde el período triásico (hace 215 millones de años) hasta fines del cretácico (hace 65 millones de años). Sus huesos huecos reducían el peso de su cuerpo y les permitían volar. Los pterosaurios más chicos eran del tamaño de un gorrión, mientras que los más grandes, los quetzalcoatlus, tenían la envergadura de un avión pequeño y fueron los más grandes entre los animales voladores. Algunos pterosaurios tenían pelo.

¿Cuál fue el primer animal volador?

Las primeras criaturas voladoras fueron los insectos. Los fósiles más antiguos (350 millones de años) se hallaron Escocia. Los insectos pueden haber evolucionado a part los primitivos **crustáceos**. En un comienzo, tal vez las a eran pequeñas y sólo podían transportar al insecto una distancia corta, cuando el viento los ayudaba. Poco a p deben haber aprendido a batir las alas para autopropu en el aire. Estos insectos primitivos estaban emparenta con la libélula, pero eran de mayor tamaño. El más grande que se haya encontrado tenía una envergadura de 76 cm.

¿Cuál es el ave más antigua que se conoce?

El ave más antigua que se conoce es el Archaeopteryx, que apareció por primera vez hace 150 millones de años. Medía más o menos lo mismo que un gorrión, tenía dientes, tres garras en cada ala, cola larga y huesos pesados, como los reptiles. Pero tenía alas y plumas, como los pájaros. Fue descubierto en Alemania, en 1861. No volaba, pero probablemente planeaba entre las copas de los árboles.

Cuando s descubrió el fósil de Archae la gente pensab era falso.

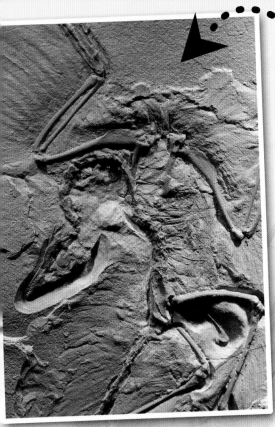

¿Las aves provienen de dinosaurios?

Las aves son los parientes vivos más cercanos de los dinosaurios. Aunque nunca fueron dinosaurios, se cree que sí evolucionaron a partir de los dinosaurios raptores. En China, hace poco, se han encontrado fósiles de dinosaurios con plumas que alientan esta teoría. Una criatura del tamaño de un cuervo, el Microraptor zhaoianus, vivió hace unos 124 millones de años. Aunque no volaba, usaba sus garras curvas para treparse a los árboles y escapar de los depredadores.

La similitud entre los dinosaurios y las aves es obvia cuando uno observa sus esqueletos.

¿Cómo aprendieron a volar los animales?

Nadie sabe con seguridad cómo algunos animales aprendieron a volar. Algunos creen que comenzaron a correr cada vez más rápido y, poco a poco, empezaron a saltar por el aire. Otros creen que los dinosaurios muy pequeños treparon a los árboles y luego planearon para llegar al suelo. Existen muchas razones que explican por qué algunos de los animales aprendieron a volar. Pudo haber sido para escapar de los depredadores y para encontrar nuevas fuentes de alimento.

¿Cuándo aparecen los murciélagos?

Como tienen esqueleto pequeño y liviano, que no se conserva bien, se han encontrado pocos fósiles. Se cree que los murciélagos pueden haber evolucionado hace entre 80 y 100 millones de años, aunque los fósiles más antiguos tienen 55 millones de años. Tal vez evolucionaron a partir del ancestro de la musaraña trepadora. Los ancestros de los murciélagos quizá desarrollaron membranas planeadoras, luego de miles de años de saltar en busca de insectos. Era más seguro estar en lo alto de los árboles o en el aire, lejos de los depredadores y, además, gastaban menos energía planeando que trepando a los árboles.

Mamíferos

¿Cuándo aparecieron los primeros mamíferos?

Los mamíferos evolucionaron de los sinápsidos, casi al mismo tiempo que los dinosaurios primitivos. Desarrollaron características que les permitían llevar una vida muy activa. La mayoría de los reptiles sólo tenía un tipo de dientes, pero los mamíferos desarrollaron cuatro. Su esqueleto los hacía más flexibles y se movían más rápido; y al tener pulmones más grandes podían respirar mejor cuando estaban en actividad. Pasaron a ser animales de **sangre caliente**, lo que les permitía tener mayor actividad que los reptiles durante el día. Los mamíferos pequeños vivieron al mismo tiempo que los dinosaurios, pero seguramente cazarían de noche para que no los devorasen.

¿Cómo tenían cría?

Los mamíferos primitivos, que evolucionaron a partir de los reptiles, quizá ponían huevos, igual que ellos. Pero la diferencia consistía en que los mamíferos hembra alimentaban a sus crías. Actualmente, los únicos mamíferos que ponen huevos (monotremas) son el ornitorrinco y los **equidnas**. Hace 140 millones de años, la mayoría de los mamíferos había evolucionado en **marsupiales** (mamíferos cuyas crías nacen pronto y se mantienen en la bolsa materna hasta que crecen lo suficiente), y en mamíferos placentarios, que paren crías totalmente desarrolladas.

¿Por qué algunos mamíferos eran tan gigantescos?

Los primeros mamíferos eran muy pequeños y no fue sino hasta la desaparición de los dinosaurios que algunos se volvieron gigantescos. Los mamíferos más grandes vivían en los océanos y sobre la superficie, donde tenían mucho espacio y bastante alimento disponible. Esto significaba que no debían luchar por conseguirlo; así pudieron crecer más. El mamífero terrestre más grande fue el Indricotherium, que vivió hace unos 30 millones de años. Medía unos 7 m de alto y podía pesar hasta 20 toneladas: ocho veces el tamaño del rinoceronte moderno.

Los mamíferos gigantes nunca alcanzaron el tamaño de los dinosauri más grandes, pero sí eran más grande que cualquier mamífero terrestre actu

¿Cómo evolucionaron los caballos?

Los primeros evolucionaron hace 55 millones de años. El más antiguo era el Hyracotherium, del tamaño de un perro, con lomo arqueado, patas cortas y cola larga. Más tarde, las patas pasaron de tener cuatro dedos en las delanteras y tres en las traseras, a tres en las cuatro patas, y luego un solo dedo cubierto de un casco. Al comenzar a pastar, desarrollaron patas más largas para correr y dientes más fuertes para comer pasto. Las patas largas les dieron velocidad y habilidad para correr, lo que sirvió para que pudieran escaparse de los depredadores.

¿Cuál es el ancestro de los elefantes?

Un pequeño animal parecido a un cerdo pequeño, llamado Moeritherium, que vivió hace unos 50 millones de años. Medía unos 70 cm de alto y era parecido al **tapir**. Tenía la nariz larga, pero no llegaba a ser una trompa. El Moeritherium vivía parte de su vida en el agua, como un hipopótamo. Hubo más de 500 tipos diferentes de elefantes desde ese entonces, incluyendo a los **mamuts** y a los **mastodontes**.

¿Por qué las ballenas volvieron al mar?

Las ballenas evolucionaron a partir de los mamíferos terrestres, hasta convertirse en las criaturas más grandes del mar. Su ancestro conocido más antiguo fue un animal parecido al lobo, el Pakicetus, que vivió hace más de 50 millones de años y quizá buscara peces en el agua, desplazándose como si remara. El Pakicetus, poco a poco, se adaptó a la vida en el agua, se volvió más **aerodinámico** y perdió las patas traseras. Las ballenas están más relacionadas con los animales con pezuñas, que tienen un número par de dedos, como las vacas, las cabras, las ovejas, los cerdos y los hipopótamos. Como todos los cetáceos, han completado un ciclo evolutivo que va del mar a la superficie, y luego, otra vez al mar.

ASOMBROSO
El Morganucodón, parecido a la musaraña, es el mamífero más antiguo.

La evolución
del hombre

¿Qué son los homínidos?

Todas las especies de la familia humana que surgieron a partir del último ancestro en común de los humanos y los simios son los homínidos. Todos los homínidos caminan erguidos, tienen cerebro grande y usan herramientas. El homínido más antiguo conocido, el Ardipithecus ramidus kadabba, vivió hace cerca de 6 millones de años. Aprendieron a usar el garrote y pasaron de la selva a las **planicies**. Vivían en grupos para defenderse de los depredadores. Los seres humanos son homínidos al igual que los chimpancés, los gorilas, los orangutanes y los gibones.

¿Los simios son nuestros primos?

El último ancestro en común de los humanos y los simios vivió en la selva africana, entre 8 y 6 millones de años atrás. Sus **descendientes** se dividieron en dos linajes: los humanos y los simios. Los humanos probablemente bajaron de los árboles, y comenzaron a caminar en dos piernas cuando cambió el clima y quedaron menos selvas y bosques. Observando los genes de humanos y simios, sólo existe una diferencia de 2% entre ellos.

Una reconstrucción de cómo pudo haber sido Lucy.

¿Quién era "Lucy"?

Lucy fue uno de los primeros homínidos completos que se descubrieron. Su esqueleto fue encontrado en Hadar, Etiopía, en 1974. Lucy vivió hace casi 3.200.000 años. Medía poco más de un metro, pero caminaba erguida, habilidad que es la diferencia más importante entre los humanos y los simios. Lucy era definitivamente humana y le pusieron ese nombre por la canción de los Beatles, "Lucy en el cielo con diamantes".

¿Qué era el Homo erectus?

El Homo erectus, que significa "hombre erguido", fue uno de los primeros homínidos y es el ancestro de los hombres modernos. Vivió alrededor de 1.800.000 años atrás, y tuvo su **origen** en África, pero se diseminó por Asia y Europa. Medían aproximadamente lo mismo que el hombre moderno, pero su cerebro tenía solamente un 75% del tamaño del nuestro. Usaban herramientas de piedra y conocían el fuego. En Kenia se descubrió el esqueleto de un Homo erectus de 1.600.000 años. Tenía entre 10 y 12 años, y se lo llamó "El chico Turkana".

ASOMBROSO
El ADN del bonobo es más cercano al del hombre que al del chimpancé (coinciden en un 98%). Esto hace que los bonobos y los chimpancés se parezcan más a los seres humanos que a los gorilas.

¿Quién era el hombre de Neandertal?

El hombre de Neandertal (Homo neanderthalensis) apareció en el norte de Europa, hace unos 230.000 años. Vivió en Europa y en el oeste de Asia, y era un poco más bajo que el hombre moderno, pero mucho más macizo y fuerte. Esto le permitió vivir en el clima hostil de la era de hielo. Usó herramientas como el hacha, raspadores y tajaderas hechos de piedra. Fue **cazador-recolector** y utilizó lanzas para matar a su presa de cerca. Vivía entre 40 y 45 años. El hombre de Neandertal desapareció hace unos 35.000 años, cuando el hombre moderno comenzó a competir con él por los **recursos**.

¿Quién es el Homo sapiens sapiens?

Todos los humanos pertenecen a la especie Homo sapiens, que significa hombre sabio o inteligente, y vive desde hace 200.000 años. Los humanos modernos se conocen con el nombre de Homo sapiens sapiens, y descienden de una variedad de Homo sapiens que apareció hace unos 120.000 años. El Homo sapiens sapiens primitivo de Europa fue el hombre de Cro-Magnon. Uno de los rasgos distintivos del hombre moderno es el desarrollo del arte y la música.

···➤ Desarrollo humano

¿Quiénes eran los cazadores- ·····➤ recolectores?

Los cazadores-recolectores eran pueblos **nómades** que vivían en grupos y que se trasladaban constantemente en busca de alimento. En la mayoría de las sociedades, el hombre se ocupaba de la caza y de la pesca, mientras que las mujeres y los niños se quedaban en los campamentos y recolectaban frutos y semillas. Vivían en cavernas o carpas, hechas con hojas o con las pieles de los animales. Las primeras armas que usaron fueron lanzas de palo con puntas de piedra. Luego, inventaron el arco y la flecha. Todos los pueblos fueron cazadores-recolectores hasta que, hace unos 8000 años, comenzaron con la agricultura.

Los antiguos cazadores-recolectores vivían en simples refugios, que era muy fácil desarmar y mover.

¿Qué fue ·····➤ la "edad de piedra"?

Fue un momento de la prehistoria en que los humanos usaron piedras para fabricar herramientas.
La extensión de la edad de piedra varía en las distintas partes del mundo.
Comenzó hace unos 2 millones de años y las primeras herramientas fueron fabricadas por un antiguo ancestro humano, el Homo habilis, que luego se convirtió en el Homo erectus. Hacían unas llamadas "tajaderas", que consistían en una piedra chata con un borde cortante, que se obtenía astillando pequeños trozos de piedra. Luego inventaron herramientas más complicadas.
Esta edad, que coincidió con la era de hielo, también se conoce con el nombre de Paleolítico, que significa "piedra antigua".

¿Qué fue la "nueva edad de piedra"?

Durante la nueva edad de piedra o período neolítico, hace unos 8000 años, la gente comenzó a practicar la agricultura, vivió en asentamientos, e hizo alfarería. Las herramientas (hechas principalmente de piedra) para moler, hacer tajadas y cortar fueron evolucionando con los cambios en la forma de vida. Por la agricultura, la gente comenzó a usar prendas textiles de lana de oveja y de lino en vez de pieles de animales.

¿Cuándo se usaron los metales?

Durante la era del bronce, el metal debe haber sido un bien costoso y raro. Sólo las personas más importantes lo usarían para hacer vasijas y otros utensilios domésticos.

El cobre fue el primer metal usado para fabricar herramientas en Europa y Asia, hace 5500 años. Al poco tiempo, los pueblos aprendieron a fabricar el bronce. La era del bronce comenzó en distintos momentos, según los lugares. El bronce se obtenía a partir de una mezcla de latón y cobre y se usó en la fabricación de cuchillos, espadas, hachas y lanzas. Los primeros en usar el bronce fueron los pueblos de la Mesopotamia (hoy Irak y Siria) y Egipto, hace unos 5300 años. La era del bronce se extendió más o menos hasta el año 1200 a.c., cuando comenzó a usarse ampliamente el hierro.

¿Cuáles fueron los instrumentos musicales primitivos?

El espacio entre los orificios de la flauta de Neandertal es el mismo que en las flautas modernas.

El más antiguo, hasta el momento, es una flauta de 35.000 años, de la edad de piedra, tallada en el cuerno de un mamut lanudo. Se encontró en Alemania, en el año 2004. La flauta estaba partida en 31 pedazos y fue reconstruida. Toca solamente tres notas. El instrumento musical más antiguo que se pueda tocar tiene entre 8 y 9 mil años. Está compuesto por seis flautas de hueso y fue descubierto en China. Está hecho con los huesos de las alas de una grulla, y tiene cinco, seis, siete u ocho orificios.

ASOMBROSO

En 1991, se descubrió en Austria la momia congelada de un hombre prehistórico, de hace 3500 años. Tenía un hacha de cobre y un cuchillo de piedra.

¿Cuándo terminó la prehistoria?

Terminó cuando el hombre comenzó a llevar un registro histórico. Esto ocurrió en diferentes momentos, en las distintas partes del mundo. En Egipto terminó hacia el año 3500 a.c., mientras que en Nueva Guinea terminó en el siglo XX. Una vez que los pueblos se volvieron agricultores, necesitaron un método para registrar los cultivos. El hombre comenzó a cultivar la tierra hace unos 9000 años. La escritura fue inventada por los sumerios en el 3500 a.c. Otros pueblos, como los egipcios, los chinos y los olmecas, también inventaron la escritura, considerada necesaria para el desarrollo de una sociedad compleja.

·➤Era de Hielo

¿Qué son las eras de hielo?

Las eras de hielo se producen cuando gran parte de la Tierra se cubre de hielo. Algunas han durado millones o decenas de millones de años, mientras que otras, sólo decenas de miles de años. Se sabe que hubo cuatro grandes eras de hielo en la historia de la Tierra. La primera ocurrió entre 800 y 600 millones de años atrás. Son causadas por el movimiento de las placas continentales. Los cambios en la **órbita** de la Tierra también afectan la cantidad de calor que llega, proveniente del Sol, mientras que la cantidad de dióxido de carbono de la atmósfera afecta la temperatura de los planetas. Los períodos más benignos entre las eras de hielo se denominan "interglaciares".

¿Cómo se sobrevive en las eras de hielo?

Los humanos que vivieron en la edad de piedra, durante la última era de hielo, eran cazadores-recolectores. Se trasladaban en pequeños grupos en busca de alimentos, como peces y aves. No solamente comían la carne sino que rompían los huesos y chupaban la **médula**, que era muy nutritiva. Quizá cortaran la carne en tiras y la secaran al fuego para conservarla. En la medida de lo posible, la gente vivía en cavernas o fabricaba refugios con huesos, madera y pieles de animales. El hombre moderno podría sobrevivir a una mini era de hielo, aunque escasearía el alimento y la gente tendría que emigrar, para escapar de las anchas capas de hielo que cubrirían la tierra.

¿Cada cuánto se producen las eras de hielo?

Hubo aproximadamente cuatro grandes eras de hielo en la historia de la Tierra. La primera de la que se tienen pruebas se produjo entre 800 y 600 millones de años atrás. No se tienen datos precisos acerca de anteriores eras de hielo. Se cree que cada 11.000 años tiene lugar una "mini" era de hielo, siempre menos extrema. La última era de hielo comenzó hace unos 70.000 años y terminó hace 10.000 años. Durante este tiempo, capas de hielo de hasta 3,5 km o 4 km de espesor cubrieron gran parte de Europa y Norteamérica.

¿Qué era la megafauna?

Muchos animales enormes vivieron durante la última era de hielo, y todos han desaparecido. Esos grandes mamíferos, conocidos como megafauna, crecieron más porque así estaban mejor preparados para competir por recursos tales como los alimentos. La megafauna incluía a los mamuts, mastodontes, rinocerontes lanudos, tigres diente de sable y castores gigantes. El perezoso gigante, que vivía en Estados Unidos, alcanzó el tamaño del elefante moderno. El marsupial gigante, llamado Diprotodón, de Australia, tenía el tamaño de un rinoceronte moderno y fue el marsupial más grande que se haya conocido. El Megaloceros era un ciervo, con unos cuernos de casi 4 m de ancho, que vivía en Europa.

Este mapa muestra la tierra como es ahora. Las zonas de color azul más claro en el mar indican el puente terrestre sumergido.

¿Por qué desaparecieron animales en la era de hielo?

Se cree que muchos animales, como el mamut y el mastodonte, desaparecieron por la caza excesiva, que también trajo la desaparición de otras especies. Otros factores, como el aumento de las temperaturas, el derretimiento de los glaciares y el cambio en los sistemas de lluvia generaron un cambio en el clima para el cual no estaban preparados. Esto, junto con la falta de alimentos, provocó su desaparición.

¿Qué era el puente terrestre de Bering?

El puente terrestre de Bering era una franja de suelo que unía Rusia con América del Norte. Apareció hacia fines de la última era del hielo, entre 25 y 14 mil años atrás, cuando el nivel del mar descendió unos 100 m, por el hielo glaciar. Los mamuts, caballos, camellos y bisontes emigraron desde Asia a América del Norte. Los pueblos de Asia siguieron a los animales y penetraron en Alaska y Canadá. Cuando terminó la era de hielo y volvió a subir el nivel del mar, el puente terrestre desapareció bajo las aguas.

Glosario

Aerodinámico
Forma del cuerpo que permite viajar por el agua o el aire con la menor resistencia posible.

Anfibios
Animales capaces de vivir tanto en la tierra como en el agua. Las ranas y las salamandras son anfibios.

Artrópodos
Animales con exoesqueleto duro, cuerpo segmentado y patas articuladas. Este grupo de animales incluye a los insectos, arañas, crustáceos (cangrejos, langostas, camarones y percebes) y ciempiés.

Asteroides
Trozos de roca y metal que se mueven alrededor del Sol y que pueden medir desde unos pocos metros, hasta cientos de kilómetros de ancho.

Atmósfera
Gases que rodean a un planeta, en particular, la Tierra.

Bacterias
Organismos unicelulares que viven dentro y sobre cualquier superficie de la Tierra. Las bacterias son muy útiles, pero también son responsables de muchas enfermedades.

Carnívoros
Animales que comen carne.

Cartílagos
Tejido conectivo, resistente y elástico. En los humanos, el oído externo, partes de la garganta y las articulaciones están formadas por cartílagos.

Cazador-recolector
Persona que vive en forma primitiva, cazando animales y recolectando frutos, semillas y raíces.

Cicas
Plantas de hojas grandes, perennes, con piñas. Crecen en zonas cálidas.

Crustáceos
Criaturas con exoesqueleto duro, cuerpo segmentado y patas articuladas, que viven principalmente en el agua. Los cangrejos, langostas, camarones y percebes son crustáceos.

Cuadrúpedos
Animales con columna vertebral o espina dorsal, que tienen cuatro patas.

Dígitos
Dedos de las manos y de los pies.

Depredadores
Animales que viven saqueando y comiendo a otros animales.

Descendientes
Personas cuyos ancestros pueden ser rastreados hasta una persona o grupo específico.

Distribución
Manera en que un organismo se disemina en un área en particular.

Diversidad
Cambio y variedad de las especies.

Dominantes
Miembros de un grupo de animales o personas que toman el papel de líder dentro del grupo.

Efecto invernadero
Se produce cuando el calor del Sol queda atrapado en la atmósfera. Los rayos pasan, pero el calor que es devuelto por la Tierra, no. Este efecto aumenta la temperatura media del planeta, ya que el calor que recibe la Tierra se queda en la atmósfera y no vuelve al espacio exterior.

Embrión
Huevo fertilizado de un animal.

Equidnas
También denominadas hormigueras con espinas u osos hormigueros. Son mamíferos que ponen huevos y tienen hocico alargado en forma de pico, sin dientes, con una lengua larga y pegajosa para atrapar insectos. Se encuentran en Australia, Tasmania y Nueva Guinea.

Era mesozoica
Período de la historia de la Tierra entre 230 y 63 millones de años atrás.

Especies
Grupos biológicos de organismos que se relacionan entre sí.

Esporas
Pequeñas células reproductivas asexuadas, producidas por una planta que es capaz de convertirse en una nueva planta por sí sola o luego de haberse unido a otra espora. Los hongos y las algas, por ejemplo, se reproducen por esporas.

Eucariontes
Organismos que consisten en una o más células, que contienen un núcleo rodeado de una membrana. Todos los organismos, excepto los microorganismos primitivos como las bacterias, son eucariontes.

Generaciones
Grupos de individuos que nacen y viven en un mismo tiempo.

Genes
Partículas de los cromosomas que determinan los caracteres hereditarios.

Gravedad
Fuerza de atracción generada por la masa, que mantiene en su correspondiente lugar a las galaxias, a los planetas orbitando el sol y evita que las personas se vuelen al espacio.